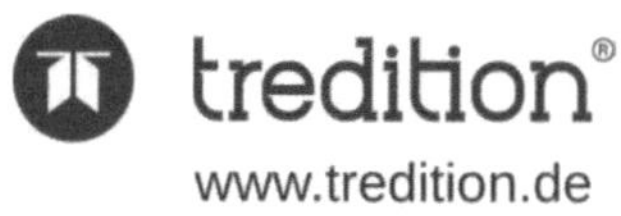

Erhard Kaupp, 1957 geboren in Überlingen am Bodensee hat immer schon alles in Schriftform festgehalten. Als Musiker, Liedermacher und Autor gibt er seine täglichen Beobachtungen aus dem Alltag mit einem Augenzwinkern an diejenigen zurück, die ihm die Ideen dazu geliefert haben. Ein simples Gedicht zum Geburtstag, oder fast schon intime und persönliche Eindrücke über ein Blind-Date, die Liebe und den Alltag generell und immer präsent die Liebe zur Heimat am See.

In gewöhnlicher und einfacher Umgangssprache alles gut durcheinander geschüttelt und in Reim-Form gefasst, ist es nicht ausgeschlossen, dass sich der Eine oder Andere selber in einer der Geschichten zu erkennen glaubt.

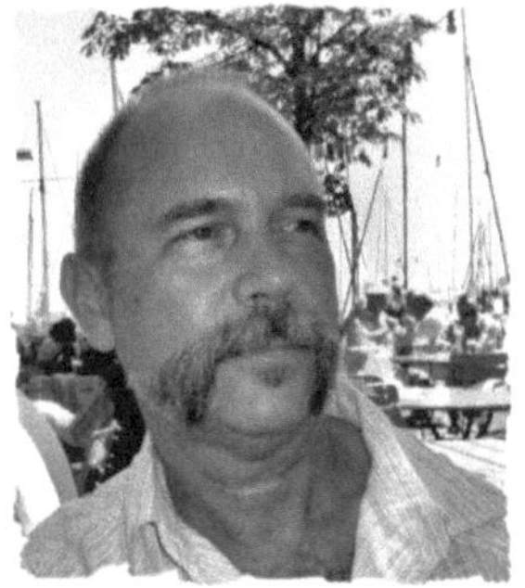

Erhard Kaupp

# Gut geschüttelt
# ist halb gereimt

## Zeitgenössische Poesie?

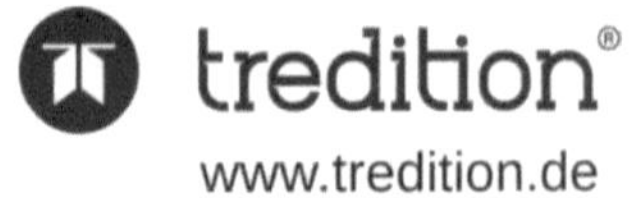

© 2016 Erhard Kaupp
Text & Illustration


ISBN
978-3-7345-0971-1 (Paperback)
978-3-7345-0972-8 (Hardcover)
978-3-7345-0980-3 (e-Book)


Verlag: tredition GmbH, Hamburg

Printed in Germany

# Inhaltsverzeichnis

## Aussichtslos verliebt

Wie geht es dir, was hast du vor?
Schieß´ ich mir grad ein Eigentor?
Mein Herz es drängt, es wartet schon,
doch hört es von dir keinen Ton.

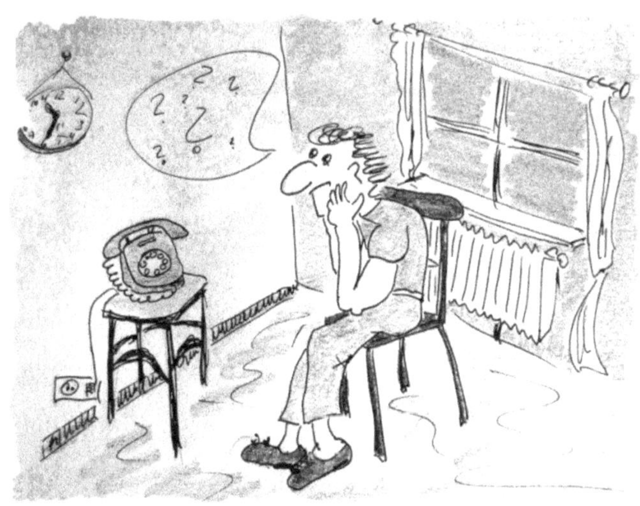

Mein Telefon es klingelt nicht,
Trauer steht mir im Gesicht.
Mein Herz es steht schon
manch mal still,
weil´s sich mit dir vereinen will.

Bestimmt ich bin vielleicht nervös,
doch ich meine das nicht bös'.
Ein völlig unbekanntes Ich,
zeigt auf einmal sein Gesicht.

Stunde um Stunde denk' ich nur,
nichts andres mehr als nur noch du.
Vielleicht weil ich ein Egoist,
und warten für mich Folter ist.

Doch Ungeduld das ist nichts Gutes,
bin trotzdem weiter frohen Mutes.
Denn einer nur gewinnen kann,
wahrscheinlich ist's dein Ehemann.

## Dein Kopfkissen

In letzter Zeit erwisch ich mich,
da denke ich sehr oft an dich.
Hast du mich etwa angelacht,
oder ich mir das nur ausgedacht?
Trotz alledem wie es auch sei,
träum ich von einer Liebelei.

Am liebsten würde ich's dir sagen,
doch dazu müsste ich es wagen
einfach auf dich zu zugehen,
dir dabei ins Gesicht zu sehen.
Jedoch: vielleicht willst du von mir
nichts wissen,
statt dessen schläfst mit deinem Kissen
weil es dir nicht widerspricht
macht dir auch keinen Ärger nicht.

Wie gerne wäre ich dein Kissen,
dein Kopf an meiner Schulter wissend.
Geborgenheit will ich dir geben,
die jeder wünscht in seinem Leben.

Will dich nicht drängen, nimm dir Zeit,
vielleicht bist du noch nicht bereit
nach alledem was du erlebt.
Doch Zeit heilt Wunden, Zeit vergeht.

Und willst du es mit mir probieren,
verfalle nicht lang ins studieren.
Dann setz dich in dein Auto rein,
lass alle Fünfe grade sein,
und hol dir von der Liebe ab,
die ich hab für dich parat.

# Der Schmetterling

Limerick

Mit 60 kommt der Mensch ins Alter,
aus dem das Würmchen wird
zum Falter.
Bis dahin gänzlich unbemerkt,
jetzt voller Pracht fliegt unbeschwert.
Auch wenn er braucht schon
manchen Halter.

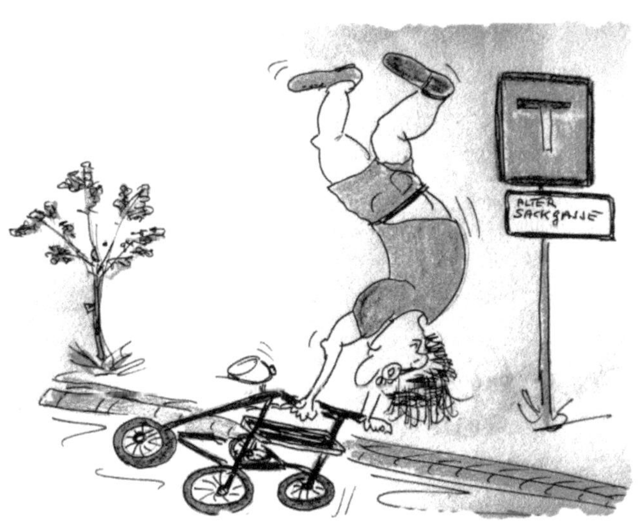

# Der Sängerknabe

Ich sing so gern im Knabenchor
der heut kommt nur noch selten vor.
Mal sing ich hoch, mal sing ich tief
Der Dirigent meint: ich sing schief.
Drum lass ich singen lieber bleiben,
kann nicht sehen wenn
Menschen leiden.

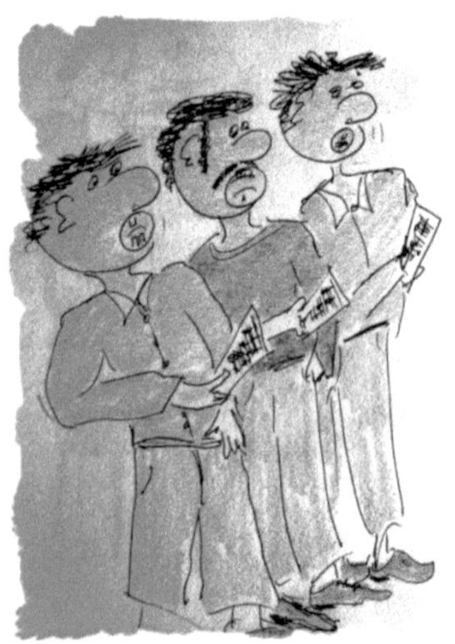
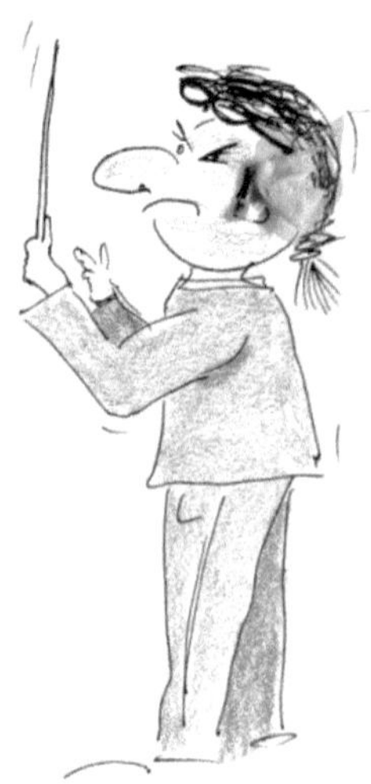

# Innere Berührung

Ich musst nochmal aufsteh'n, konnte nicht
schlafen
Gedanken sortieren, den Abend verkraften.
Es war nicht sehr einfach heute Abend
wie wir so standen, trinkend und labernd.
Beobachtend und auch viel gelacht,
viel zu kurz war für mich die Nacht.

Gerne wär ich noch länger geblieben,
und unauffällig mein Bein an deinem
gerieben.
War es auch nur für eine Sekunde,
mir kam es vor fast wie eine Stunde.

Mich kribbeln die Finger, sie sehnen sich sehr
dich zu streicheln mehr und mehr.
Zu gern wollt ich in die Arme dich nehmen,
doch anständig weiß ich mich zu benehmen.

**D**afür ist es der falsche Ort,
obwohl man hier flirtet in einem fort.
Doch mein Herz das schreit nach mehr
und drückt mich von innen hin und her.
Was ist es nur was mich bedrückt,
was mich mehr und mehr an  dir entzückt?


**I**ch kenn mich schon lange, bin auch nicht
blind,
kenn auch schon manches Menschenkind.
Doch so hat noch keine den Kopf mir
verdreht,
ich wünsch mir noch lang es so weitergeht.
Sind es die Augen, so strahlend und blitzend?
Oder ist es der Schalk, im Nacken dir
sitzend?


**A**uch wenn du redest es zeugt von Niveau,
mit viel Gefühl und nicht so roh.
Ich häng an deinen Lippen wenn du redest,
die sinnlich geformt wie ein . . . Mercedes.
Ich weiß das ist ein dummer Vergleich,
doch bin ich an Worten nicht immer so reich.

Zurück zu den Lippen die beim Lachen,
trotz all deiner Schönheit  noch mehr aus dir
machen.
Deine Haare geben den richtigen Rahmen,
ob offen oder streng wie die feinen Damen.
Du denkst jetzt bestimmt, mein Gott sülzt der
rum.
Ist der naiv, oder einfach nur dumm?

Nein – ich lasse mein Herz nur walten,
jedoch ohne den Verstand ganz abzuschalten.
Du weißt schon wie auf Männer du wirkst,
willst einen haben du ihn auch kriegst.
Das brauch ich dir nicht erst zu sagen,
trotz alledem wollte ich es mal wagen.
Obwohl noch immer ist es mir nicht klar,
was ich an dir find wunderbar.

Ich sollte allmählich auf den Punkt mal
kommen,
bevor vom Lesen du wirst noch benommen.
Bereit mich zu nehmen das bist Du noch nicht,
da hilft auch nicht mein lang Gedicht.

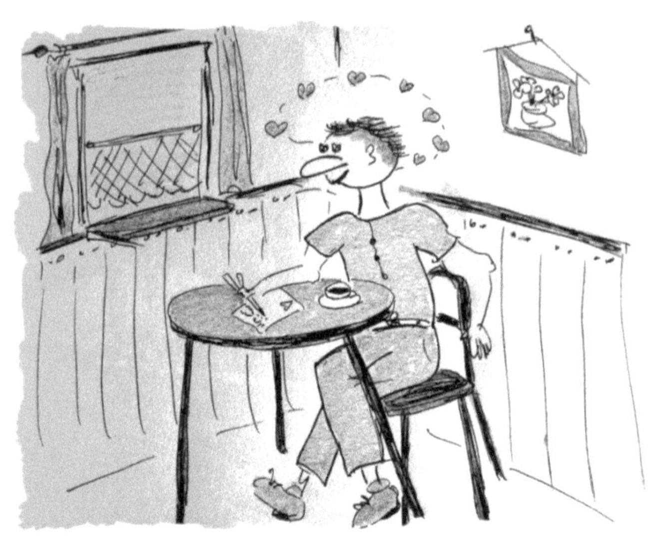

Obwohl ich gar nichts dafür kann
was Männer dir schon angetan
von dem du mir so viel erzählt´.
Hab bemerkt wie lang es dich schon quält.
Doch vom Regen in die Traufen
willst auch du nicht  wieder laufen.

So schau noch mal nach und leg dir die
Karten,
ich hab Geduld, kann lange warten.
Prüfe mich ruhig noch eine Weile
inzwischen schreib ich noch manche Zeile.


Ich fühle, ich wäre mit dir nicht verkehrt,
auf dich zu warten das wäre es Wert.
Obwohl wir uns kennen erst ein paar Stunden,
ich weiß was ich suchte doch du bist
gebunden.

# Der Fußpfleger

Von morgens zum Mittag, dann
bis in die Nacht
hab ich nur noch an Füße gedacht.
Hab in der Schule nicht gepennt,
und immer kräftig mitgelernt.
Füße zu pflegen, das ist mein Weg
der in der Schule vor mir steht.
Fußpfleger bin ich so geworden,
Mit allem drum rum, auch
Mal mit Sorgen.

Ist meine Praxis auch sehr klein,
es passen gerade mal zwei
Menschen hinein.
Doch immerhin bin ich hier Boss,
über die Zehen von klein bis groß.
Bin Schrubber der Hornhaut von Jungen
und Greisen,
egal ob Männer, Witwen oder Waisen.

**B**in heimlich schon Arzt wenn das
Hühneraug' drückt,
und 's Füßlein weh tut wie verrückt.
Schneider, so könnte man mich
auch nennen,
tu ich mit dem Messer so ein
Auge entfernen.

**P**uppendoktor, so hab ich mich auch schon
gefühlt,
wenn Mädels ich kräftig zwischen den
Zehen gewühlt.
Gärtner so könnte man mich auch
noch benennen,
wenn Gartenerde muss zwischen den Zeh´n
ich entfernen.

**Nur** Geldmann bin ich nicht,
was sollt´ ich versteuern?
Dazu müsste ich erst meine
Preise verteuern.
Doch bin ich genügsam wie auf der Weide
die Kuh,
und freue mich -  lässt mich ´s Finanzamt
in Ruh.

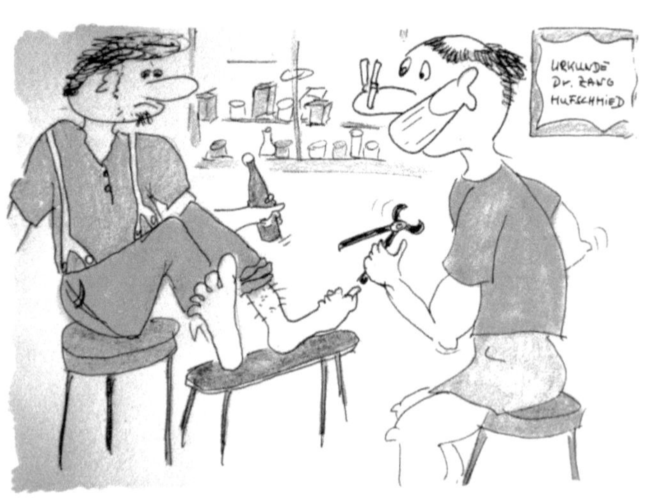

# Erotisches mit Fazit

Am liebsten würd ich mal mit dir,
du weißt schon was, mit dir und mir.
Was als Unzucht meist verschrien,
wird es bei Liebenden verziehen.
Meine Hose ziemlich spannt,
seit ich dein Denken hab erkannt.
Mein kleiner Freund sich reckt und streckt,
drauf wartet dass du ihn entdeckst.

Die Heizung ist schon hoch gedreht,
damit „Er" nicht im Kalten steht.
Obwohl wenn's kühl ist, das ist klar,
steh´n deine Nippel wunderbar.
Und siehst du IHN so vor dir stehend,
Gedanken und Fantasie bewegend,
du nicht länger warten solltest
und tun, was du schon immer wolltest.
Auch ich will deinen Körper kosen,

zärtlich betten ihn auf Rosen.
Will sehen wie er sich vor mir streckt,
sich ohne Scham entgegen reckt.
Saugen würden meine Lippen
kühlen Wein von deinen Nippeln,
den ich zuvor ganz unverdrossen
hab auf deiner Haut vergossen.

Fantasie ein schönes Spiel,
doch wie kurz ist meist das Ziel.
Darum mach ich mir Gedanken,
zu überwinden diese Schranken.
Und hab dann sehr schnell festgestellt,
es gibt da was und kost' kein Geld.
Was ich mein' heißt Leidenschaft.
Die oft vergess'ne Eigenschaft,
bei der so wichtig ist das Geben
wie so oft in unserm Leben.
Der Egoismus dabei fehl am Platz,
sonst steht der „Kleine" für die Katz.

Anlässlich des 60.Geburtstages meines Kollegen und
Moderators von „Klassik & mehr" beim Deutschen
Hörfunk der NBC

## Freddy hat Geburtstag

Wenn ein Mann kommt in die Jahre,
mal mit mehr, auch weniger Haare,
darf man auch am Montag feiern
wenn andere hin zur Arbeit eiern.


Von Geburtstag reden wir,
ich hätt jetzt gern ein kühles Bier.
Wir wünschen dir das Allerbeste,
heute hier zum Wiegenfeste.


Viel Humor, wenn auch frivol,
das hält dich fit. Du fühlst dich wohl
mit Klassik-Musik-Muse-Stunden,
während Platten drehen Runden.

**V**erwöhn' des Hörfunk´s Hörerschar,
denn All(t)e finden's  wunderbar.
Sei bei der Arbeit weiter fleißig,
tu weiter so als wärst du dreißig.

**M**achst mächtig Eindruck bei den Frauen,
nicht nur Jungen, auch bei Grauen,
die wünschen dir das Allerbeste,
behalte sauber deine Weste.
**B**leib wie du bist, mach weiter so,
und häng dir das zu Haus ins Klo!

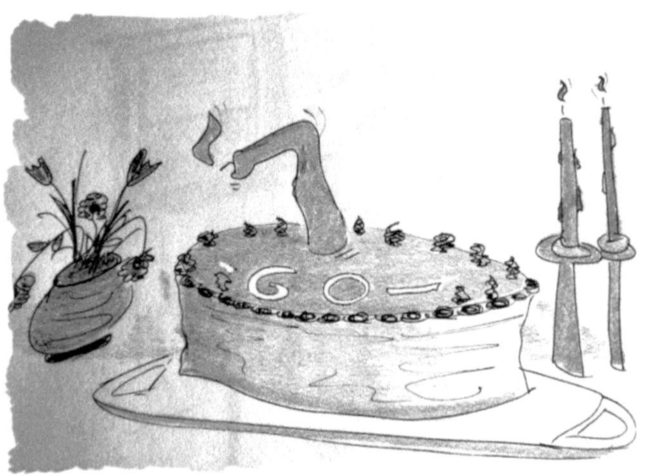

**Offenes Ende**

Lindau ist 'ne Reise wert,
die Menschen dort sind nicht verkehrt.
Trotzdem sich tümmeln Menschenmassen
herrscht Ruhe in den kleinen Gassen.
Mich hat die Insel inspiriert
und diese Zeilen mir diktiert.
Inspiration – ein großes Wort,
verursacht durch ein Insel - Ort?
Das habe ich noch nie gehört,
so definiert gewaltig stört.
Und ich hab in mir gegraben,
vom Hinterkopf bis tief zum Magen.

Nicht ohne Grunde war ich dort,
ein "Blind Date" hat' an diesem Ort.
Ich kann es beinah noch nicht glauben,
traf auf zwei strahlend blaue Augen
die in der Sonne nur so blitzten.
Und an mir rauf und runter flitzten.

Auch ich genau sie angeschaut:
Wie fraulich ist sie doch gebaut

**D**ie Zeit im nu vorüber war,
ich treff sie wieder, das ist klar.
Dieses "Date" könnt Folgen haben,
ich hab da so'n Gefühl im Magen.
Doch Tage später wurd es flauer,
und bald darauf war ich dann schlauer.
Für sie war es wohl wunderbar,
denn ihr Stipendium geht nun klar.

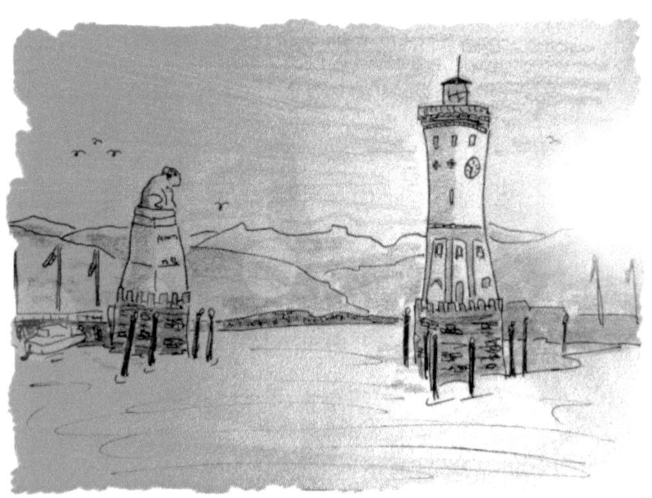

Ach wär das schön, wär´s nur Italien,
aber nein, viel weiter -  nach Australien!
Die Geschichte eigentlich am Ende,
doch halt, es gibt ´ne neue Wende.
Konstanz ist ´ne Reise wert,
die Menschen dort sind nicht verkehrt . . .

# Ein Weihnachtsgedicht

Weihnachtswetter grau in grau,
und draußen stürmt es wie die Sau.
Schon wieder sind 12 Monat um,
da kommt wohl keiner drum herum.
Das Jahr ist wieder mal gelaufen,
die Leut´ sich unterm Baum besaufen,
gröhlen lauthals „ Stille Nacht"
und nur der Einzelhandel lacht.

Weil die Geschäfte sichtlich laufen.
Ein jeder muss ja etwas kaufen!
In den Kassen macht es: „ Bing,
kling mein Teuro klingeling.
Das Morgenland ist abgebrannt,
die Krippe wird Asyl genannt
und trotzdem geht´s uns allen gut.
Das gibt auch mir noch frischen Mut.

So wünsch ich allen, auch Unbekannte,
aus Deutschland dem Schlaraffenlande,
ein super geiles frohes Fest,
vom Glühwein nur der Allerbest´,
damit es sich dann auch gut rutscht.
(doch Vorsicht, sonst ist´s Auto futsch)
hinein ins nächste neue Jahr,
das viiiel besser wird als ´s Alte war.

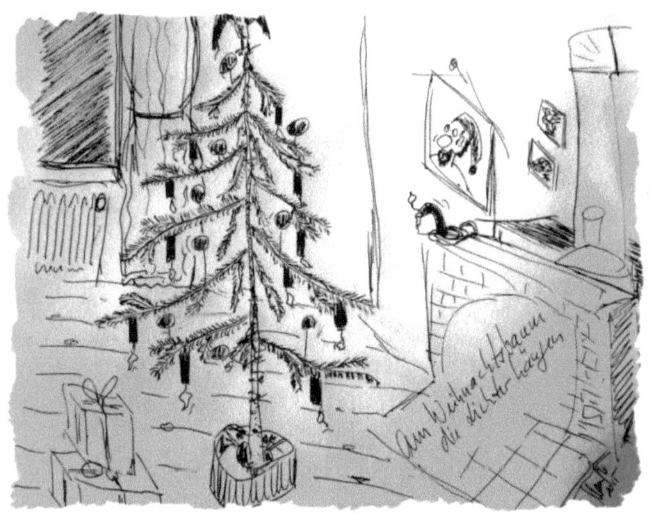

## Spieglein, Spieglein

(Limerick)

Meine Frau schaut in den Spiegel und sieht
dort ihr Gesicht.

Sie sagt zu sich erschrocken, so viele Falten
hab ich nicht.

Ich schau sie an und lächle, mein Schatz das
macht doch nix,

ich höre da grad´ im Radio was über Bügel
Fix.

Doch will sie das nicht hören macht aus im
Bad das Licht.


## Limerick zum Dinner

Ich sitz am Tisch in der Hand das Messer
die alten Ritter konnten's besser
damit schneiden durch das Brot
oder stechen einen tot.
Und neben mir sitzt noch ein Fresser.

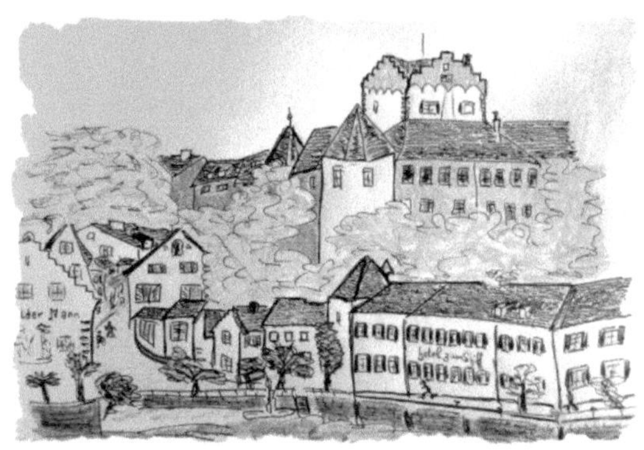

## Hommage an Meersburg

Meersburg am Morgen so wunderbar
wenn vor dir liegt der See so klar.
Am Himmel sich der Mond noch windet
und über´m Bodanrück verschwindet.
Aus einem Fenster lacht ein Kind,
die Möven schreien gegen Wind.
Am Ufer ein Mann im Dauerlauf
will keuchend dort die Steige rauf.
Nebelschwaden lösen langsam
auf, der Tag ja noch am Anfang.
In den Platanen Blätter gaukeln
während Boote dort am Stege schaukeln.
Meersburg wie bist du wunderschön
Ja bald schon wir uns wieder seh´n.

## Schwäbische Esskultur

(Limerick)

Die „Leitle" dort im Schwabenland,
sind in der Welt gar sehr bekannt.
Zu Spätzle dicke Soße essen
tun sie meistens nicht vergessen.
Und ist der Braten auch verbrannt.


-


## Ein Glas zuviel

(Limerick)

Weißt du noch wie es damals war,
wir zwei alleine in der Bar.
Ich glaub es war kurz vor halb acht
wir redeten die ganze Nacht.
Im Kopf schon beide nicht mehr klar.

# Freiheit

Ein Single hat´s im Leben leicht,
vollendet Freiheit scheint erreicht.
Doch tief im Herzen fehlt etwas,
man sucht es zwar, doch weiß nicht was.
Deshalb als Hilfe schenk ich dir,
ein Büchlein samt Gedicht von mir.
Dort schaust du rein wenn dir was fehlt,
von dem was dort geschrieben steht.
Dann wirst du vielleicht an mich denken,
und deine Träume zu mir lenken.
Der Fantasie lass freien Lauf,
ich hör an dieser Stelle auf.

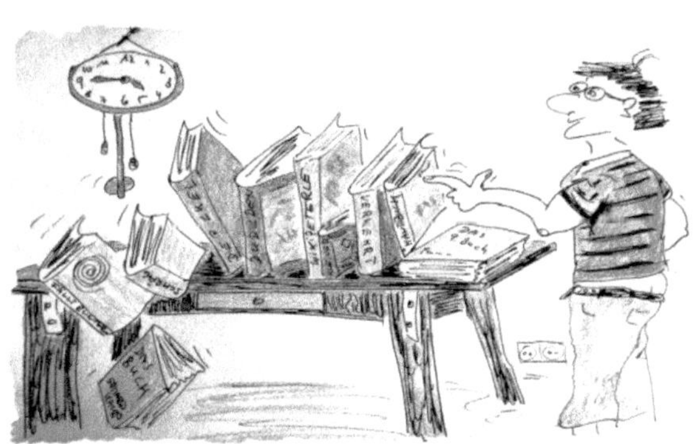

### Alles Gute zum eigenen Laden

Zur Eröffnung des eigenen Reisebüros einer guten
Freundin

**Du hast es getan**, ja- das auch - äh nein -

noch nicht geheiratet - lass das erst mal sein

**ein eigenes Geschäft** das wollte ich

sagen

oder schreiben, in Reim Form so will ich es

wagen

**eröffnet**, und stehst mit wohlgeformtem

Beine,

(so sah ich im Sommer,

meine Frau mich an der Leine)

auf eigenen Füßen mitten im Leben

**um Touristas gute Ratschläge zu
geben.**

Erfolg, etwas Glück, vor allem viel Knete,

Wünschen wir Dir zur Eröffnungsfete.

# Geschenktes Herz

Ein Herz kann man sich nicht erkaufen.
Wohl aber kann Mann sich drum raufen
geht's um eine schöne Frau,
lange Beine, guter Bau.
Oft werden Männer dann wie Tiere,
wenn andre wildern im Reviere.

Ein Herz kann man sich nicht erkaufen.
Kann Kilometer nur erlaufen,
auf  was man in der Ferne hofft.
Dabei liegt´s nahe wie so oft.
Warum dann in die Ferne schweifen,
zu Haus die besten Äpfel reifen?

Ein Herz kann man sich nicht erkaufen.
Nicht mit Gold und Silberhaufen.
Kohle haben ist zwar schön,
weil Frauen gerne shoppen gehen.

Doch wirklich wichtig ist Gefühl,
damit man kommt zu seinem Ziel


Ein Herz kann man sich nicht erkaufen.
Bei Frust hilft auch kein heimlich saufen
vom besten Whisky dieser Welt,
der auch noch kostet richtig Geld.
Genieß ihn tröpfchenweis´ zu zweit,
die Flasche hält ´ne Ewigkeit.


Ein Herz kann man so nicht erkaufen.
Weil man kann sich schnell verlaufen
zu dem Ziel man will erstreben,
sucht den Partner für sein Leben.
Ein Herz das kann man nur gewinnen,
soll es des Lebens Glück erbringen.

# Noch ein Blind Date

Manchmal kribbelt es schon richtig,
so ein Treffen ist sehr wichtig.
Nicht erahnend was steckt dahinter,
kommt der Frühling nach dem Winter?

Hoch gestylt mit Gel im Haar,
findet sie mich wunderbar?
Wenn sie mir gegenüber sitzt,
und wie ich an den Händen schwitzt
an diesem Blind Date.
Blind Date?
Was ist es nur was mich antreibt,
was innerlich mich so aufreibt.
Neugier oder Ungeduld?
Keine Ahnung, selber schuld!

Ein Blick zur Tür, noch ein Schluck Tee,
und Hoffnung  ich zuerst sie seh'

Die Tür geht auf, mein Herz steht stille,
eine Frau kommt rein mit Nickelbrille.

**H**at sie mich denn nicht gesehn?
Dabei sitze ich wirklich schön,
am Fenster präsentier ich mich
mit einem Lächeln im Gesicht
bei diesem Blind Date.
Blind Date?
Was ist es nur was mich so treibt,
was innerlich mich so aufreibt.
Neugier oder Ungeduld?
Keine Ahnung, selber schuld!

**S**ie dreht sich um und geht zum Tresen,
die ist es also nicht gewesen.
Mein Herz es tut schon ganz vibrieren,
die Augen weiter türwärts stieren
Natürlich bin zu früh ich dran,
doch diesen Vorsprung will ich han.

**V**erlegenes am Löffel lecken,
kann sie doch nirgendwo entdecken
an diesem Blind Date.
Blind Date?
Was ist es nur was mich so treibt,
was innerlich mich so aufreibt.
Neugier oder Ungeduld?
Keine Ahnung, selber Schuld!

# Die Fischerin vom Bodensee

Die Fischerin vom Bodensee
war mal ne junge Maid – juche.
Pferdeschwanz und enges Mieder,
unauffällig, brav und bieder.
Egal wohin ich heut nur seh,
sie fischt nicht mehr im Bodensee.
Weil, und das ist allerhand,
heute fast nicht mehr bekannt.

Das Wasser früher einmal blau,
schimmert heut in hochglanz grau
Noch läuft der Rhein bei Bregenz rein,
verlässt ihn auch bei Stein am Rhein.
Gletscher werden immer kleiner,
Abwässer sind auch nicht reiner.
Boote schwimmen viel darin,
wo machen all die Schiffer hin?

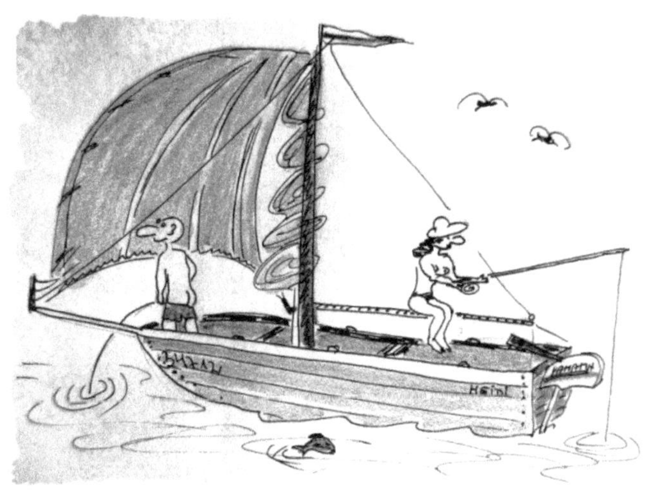

**N**ur ein weißer Schwan,
zog früher mal den Kahn.
Auf dem blauen See dahin,
mit der schönen Fischerin.
Mensch war das an unserm See,
früher einmal wunderschön.
Als Lieder klangen von der  Höh´
vom schönen Bodensee.

## Altmodisch war gestern

Gestern war ich mal im Freibad,
es war mein freier Tag.
Rund um mich rum halb nackte Leute,
vom alten Sack bis junge Bräute.
Stolz präsentiert wird mancher Bauch,
die Wampe wird zum Rettungsschlauch.
Brust und Kopf ist kahl rasiert,
und tätowiert,
was ist da nur mit Mann passiert?
Ich glaub es nicht, was muss ich sehn,
ist denn all das wirklich schön?

Der Weg zum Kiosk wird zum Laufsteg,
manch weiblich Wesen drüber geht.
Dick das make up,  Botox- Lippen,
statt zarter Haut zwei Monster . .
Das ist doch alles nicht Natur,
wo bleibt die Weiblichkeit denn nur?

Hauptsach´ alles operiert,
und tätowiert,
was ist da nur mit Frau passiert?

Ich glaub es nicht, was muss ich sehn
Ist denn all das wirklich schön?
Ich glaub, ich werde langsam alt,
mache ich schon vor Mode halt.

Drum bleib ich so, so wie ich bin,
und so denkt auch mein Schatz.
Und was ich damit sagen will
hat Platz in diesem Satz.

Ich glaub es nicht, was muss ich sehn,
ist denn all das wirklich schön.
Doch schreib ich mit Bedacht, es
liegt im Auge des Betrachters

# Hört mir zu

Deine Kinder strotzen nur vor Temperament,
tragen Sorge dass du nah am Wasser bist
gebaut.
Sie sind in Bewegung  und das permanent,
von wem haben sie das wohl abgeschaut.

Vor Jahren schon dein Mann ist einfach
abgehau´n,
ließ dich mit deinen Kindern einfach sitzen.
Anstatt mit dir ein schönes Haus zu bau´n,
lässt er dich mit den Kindern schwitzen.

Drum hör mir zu was ich nun zu dir sage,
hör mir zu und denke stets daran.
Steckst du fest und hast ne dicke  Frage,
trau dich mit der Frage zu mir ran.

Der coole Typ aus dieser Discothek, er macht
einen auf Mega Hammer.

Doch für mich hat dieser Typ ne riesen Macke
weg,
wohnt er zu Hause noch bei seiner Mama.


In deiner Tochter Herz hinterlässt er tiefe
Krater,
ihr Puls von unten her geht viel zu steil
bergauf.
Ich bin zwar nicht ihr richtig echter Vater,
doch ist mein Ohr stets für euch beide auf


Drum hört mir zu was ich nun zu euch sage,
hört mir zu, denkt beide stets daran:
Steckt ihr fest und habt ne dicke  Frage
Traut euch mit der Frage zu mir ran.

## Bauer sucht Frau

Karl, vom Land ein echter Bauer,
der hat noch keine Frau.
So liegt er auf der Lauer,
wie ein Fuchs vor seinem Bau.

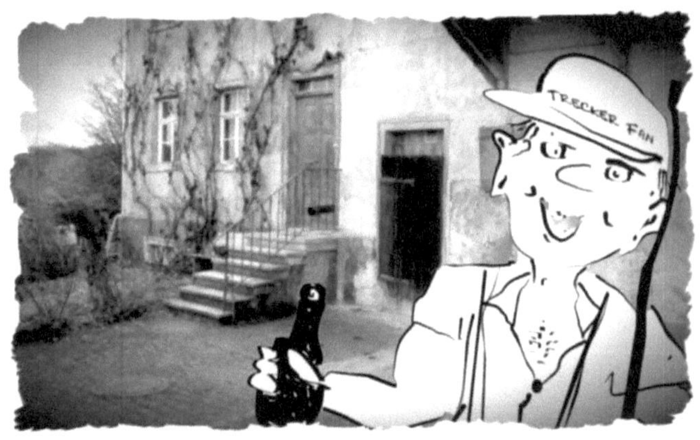


Er sitzt auf seinem Bänkle,
den lieben langen Tag.
Er pflegt mit Bier sein Ränzle
und schaut was kommen mag.

Doch Karl das wär kein Bauer,
denkt sich: „Ich bin ja schlau".
Springt über seine Mauer
auf der Suche nach ner Frau.

In der Stadt, im
Haus der Damen,
da macht er einen
drauf.
Fängt bald schon an
zu lahmen,
wacht morgens
pleite auf.

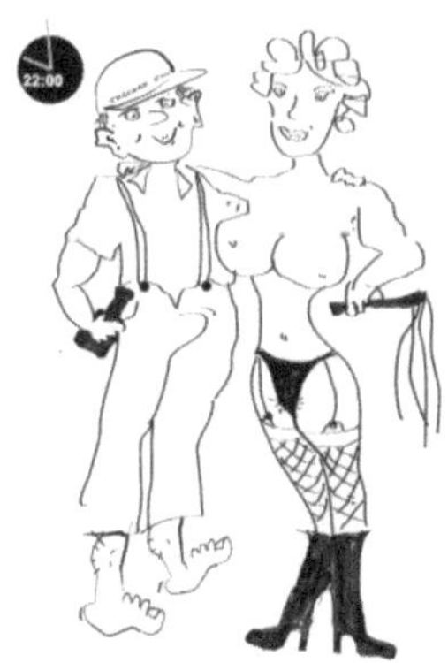

Drum bleibt Karl der Bauer,
wohl ohne Frau allein.
Liegt weiter auf der Lauer,
auf seinem Hof daheim.

Dort sitzt er auf dem Bänkle,
den lieben langen Tag.
Er pflegt mit Bier sein Ränzle
und schaut was kommen mag.

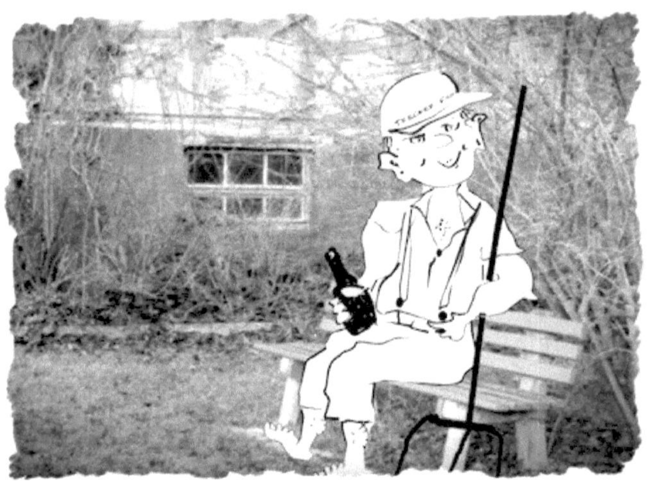

## Ich alter Sack

Es fing an in meiner Kneipe,
in der ich sitz und wart auf Leute,
die kommen sollten nach und nach,
doch sitz ich wohl im Schlafgemach!
So sitz ich still und meist allein,
und hoff' es wird bald anders sein.
Werbung ist es was mir fehlt,
zu dem was mich schon lang gequält.

Zum Wochenblatt ging ich dann hin,
fand meine Werbung bald darin,
der Sekretär hat´s gut gemacht,
weil Kommission ihm sicher lacht.
Obwohl das Fräulein gegenüber,
hätte auch gestrahlt darüber,
obwohl das hat sie sowieso,
darüber bin ich heut noch froh.

Hat sie es etwa mitbekommen,
bin wegen ihr nochmal gekommen?
Nun nahm das Schicksal seinen Lauf,
denn nur zwei Tage später drauf
stand sie bei mir in meiner Klause,
mittags in der Essenspause.
Wo es zuvor noch dunkel war,
ging die Sonne auf so klar.

Viel zu jung und gut gebaut,
dazu noch nicht einmal getraut,
kam sie herein durch meine Türen,
gänzlich ohne Star Allüren.
Hat neu mich wieder überzeugt,
dass Werbung bringt mir viele Leut.
So wurde ich dann sehr bequem,
braucht nicht mehr außer Hause gehen,
und außerdem, es war so schön,
konnt´ ich sie so öfters sehn.

Die Speisekart' sie dann studierte,
und auch zu Essen was probierte.
Zum Eindruck schinden, auch weil schneller
pries ich ihr an den Tagesteller.
Espresso und ein Wasser klein,
durfte es nun täglich sein.

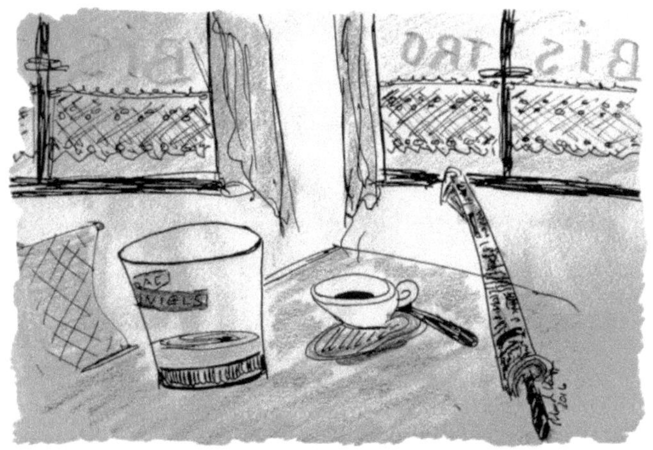

Bis dann auf einmal was passiert,
nach dem den Presso sie gerührt.

Ein Herz gezeichnet in der Tasse,
klar in des Kaffeesatzes Masse.
Sollte das ein Omen sein,
denn wie kommt sonst ein Herz dort rein?
Hat sie es etwa rein gerührt,
ist auch egal – mich hat's berührt.
Ein Glöcklein in mir hat geläutet,
hab es auf meine Art gedeutet,
und wie ein Auto mit PS
schrieb ich ´ne Power-SMS.
Getraut mich nicht, wollte es nicht wagen:
„Ich hab dich gern" direkt zu sagen.

Hab wie ein Kind mich wohl benommen,
was lang schon nicht mehr vorgekommen,
doch bist nun fort im Städtchen Singen,
muss dort Deine Leistung bringen.
Kein Espresso, Tages Teller
auch scheint die Sonne nicht mehr heller,

ich merke täglich mehr und mehr,
das Mädel fehlt mich doch schon sehr.


**W**arum nur denke ich als Mann,
an etwas ich nicht haben kann,
auch denk ich nicht gleich ans Bett,
dafür bist Du viel zu nett.
Ich weiß das klingt jetzt etwas töricht,
doch hatte ich es nicht sooo nötig.
Ich weiß nicht sollte ich es wagen,
es Dir doch direkt zu sagen,
„Schön dass es Dich gibt,
ich bin etwas in dich verliebt."
Das ist es was mir Sorgen macht,
denke daran Tag und Nacht.


**G**laubt' ich hätt´ mein Glück gefunden,
und mich mit ihr ganz schnell verbunden,
das Schicksal es wohl anders denkt,
für mich das Lebenszünglein lenkt.

Werd' weiterschreiben erst vertagen,
sollt' vielleicht Dich zu erst mal fragen.


Ich bin eben Egoist,
und schreibe gern, und auch viel Mist.
So sitze ich alleine hier,
zwischen Kisten Wein und Bier,
ganz traurig rum in meiner Kneipe,
die heut mal leer und ohne Leute.
So denk hin und denke her,
ach wenn ich nochmal 30 wär.
30 Jahre wäre fein,
könnt ich dir dann wohl  näher sein?
Sie mit Schleier, ich im Frack,
so denkt nur ein alter Sack.

# Nikolaus in Not

## Limerick


In des Waldes tiefsten Gründen zwischen
Tannen ganz versteckt

dem Nikolaus sein Rentier liegt, am Weg zu
uns verreckt.

Pakete nun müsst selber tragen, doch die sind
ihm zu schwer

ruft deshalb mit dem Handy ein Taxi zu sich
her.

Als Braten liegt nun s´ Rentier hinterm
Rücksitz halb verdeckt.

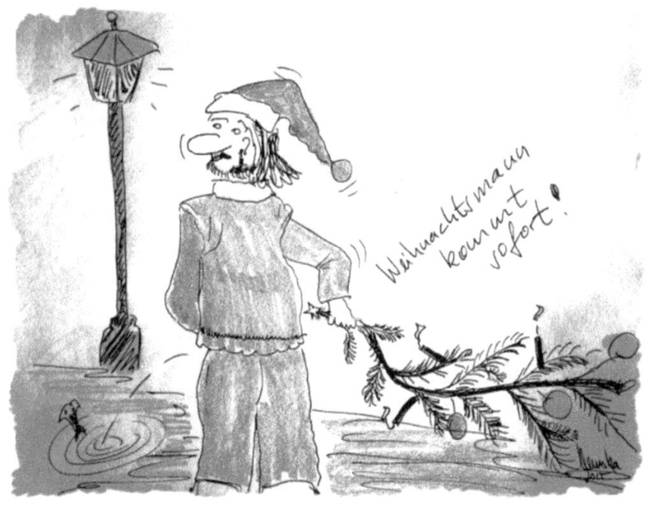

# Nichtschwimmer Blues

Die Luft ist heiß und es wird immer schwüler,
ich bin auf der Suche nach was mir macht
kühler.
Raus aus der Stube, runter  vom Sofa,
dann ab durch die Mitte mit meinem Mofa.


Ich fahre runter dort an den See,
wo ich weiß dass ich noch den Boden seh´
Genauer gesagt vom Bodensee
noch den Boden seh´


Von der Straße her man sieht es kaum,
stell ich mein  Mofa unter einen Baum.
Lege mein Hemd und die Hose ins Gras,
und freue mich aufs kühlende Nass.


Hier geh ich rein in meinen See,
weil ich hier noch den Boden seh´.
Von meinem Stückchen Bodensee
noch den Boden seh´

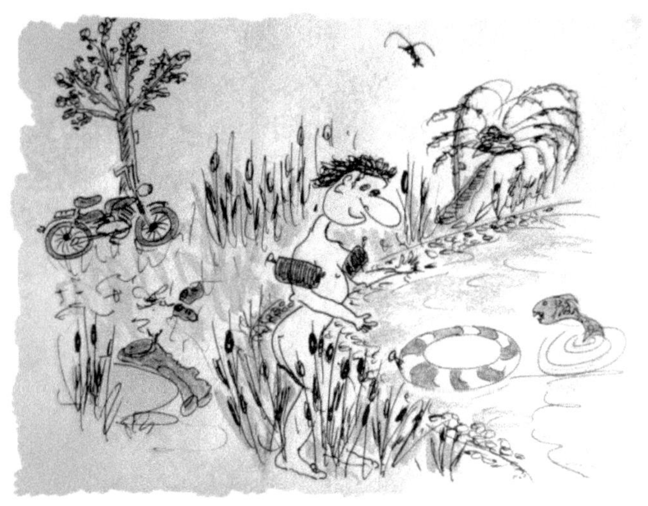

Ich liebe am See hier den stillen Platz,
wie über mir im Baum der kleine Spatz.
Knapp über mir schwirren Libellen,
in meiner Schwimmschule bei den Forellen


Darum geh ich nur hier in den See
weil ich hier noch den Boden seh´.
Von meinem Stückchen Bodensee noch den
Boden seh´.

# Nur Hausfrau

Ohne Beruf - so stand es im Pass,
ihr wurden fast die Augen nass.
Ohne Beruf - war da zu lesen,
dabei ist sie doch das nützlichste Wesen.

Für andere zu sinnen und zu sorgen,
ist ihr Beruf von früh am Morgen
bis in die Tiefe der kargen Nacht.
Nur um der Ihren Wohl bedacht.

Gattin, Mutter und Hausfrau zu sein,
schließt das nicht alle Berufe ein?
Als Köchin von Lieblingsspeisen,
oder als Packer, geht es auf Reisen.

Als Ärztin, wenn ein Dorn im Finger
zersplittert,
als Schiedsfrau in Kämpfen die heiß
und erbittert.
Schneiderin die Kleider erneuert
Finanzexpertin die leere Beutel steuert.

Nachschlagewerk, das alles soll wissen,
Flickfrau, wenn Strümpfe und Wäsche
zerrissen.
Meistererzählerin ohne ermüden
und Hüterin von des Hauses Frieden.

Puppendoktor und Dekorateur,
Gärtner, Konditor und Friseur,
und sind wir grad beim Alles Wissen
noch Waschfrau, hat´s Baby die Windel
verschissen.

Unzählige Titel könnt ich noch sagen,
und somit einiges zusammentragen
von Frauen, die Gott zum Segen erschuf
und das nennt die Welt dann: Ohne Beruf

# Meine Frau sagt: Nimm mich

Nimm mich, nimm mich,
meine Frau sagt nimm mich.
Ich freu mich schon darauf,
was könnte es denn sein?

Nimm mich, nimm mich,
meine Frau sagt nimm mich.
Ich bin ja so gespannt,
was fällt ihr da wohl ein?

Nimm mich, nimm mich,
meine Frau sagt nimm mich.
Was hat sie denn nur vor,
was kommt noch heute Nacht?

Nimm mich, nimm mich,
meine Frau sagt nimm mich.
Sie macht es so sehr spannend,
und flüstert mit bedacht.

**Nimm** mich, nimm mich
meine Frau sagt nimm mich.
Ich platze gleich vor Neugier,
doch sie gibt keine Ruh.

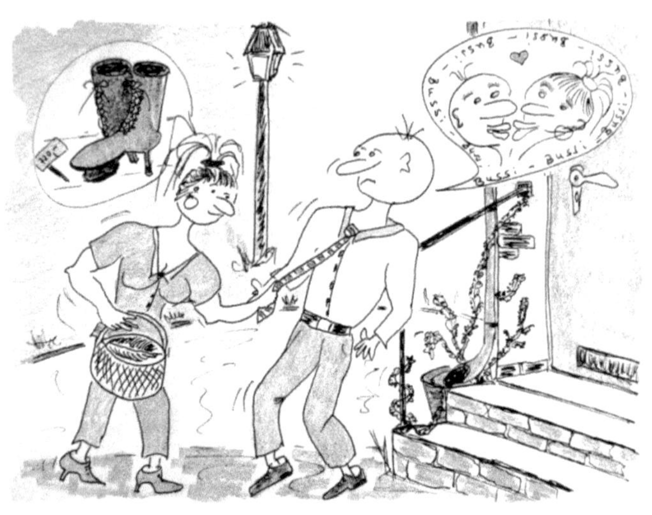


**Nimm** mich, nimm mich,
meine Frau sagt nimm mich.
Nimm mich doch bitte mit in d´ Stadt,
ich bräucht paar neue Schuh´.

## ´s Schwobemädle

Das Schwabenland ein jeder kennt,
wo man statt Frau mit Mädle pennt.
Kartoffeln sind meist unbekannt,
und Reis in Spätzle umbenannt.
„Hier tuet me schwätze" und nicht sprechen,
mein Gott, das ist ja kein Verbrechen!

Trotzdem, ehrlich muss ich sagen:
„Mir gefällt´s, ich kann nicht klagen."
Die Mädle hier sind „Schpitzenklasse,
hond von d´ Spätzle halt mehr Masse".

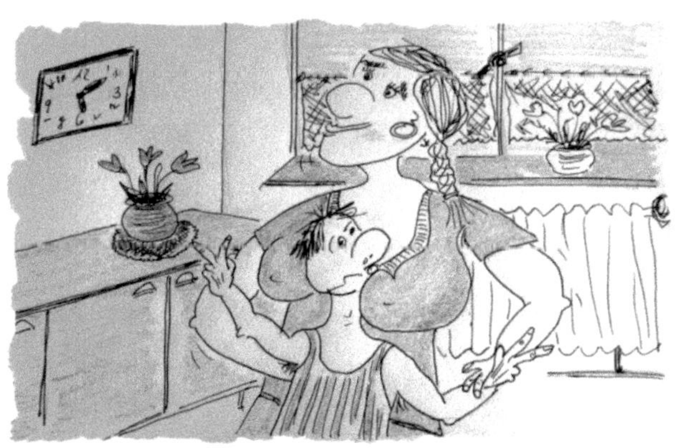

Ich sag wie es ist, ganz ohne Schmäh:
„I find des graad im Winter schäh,
weil so a Mädle giht schäh warm"
hat sie was an den Rippen dran.

Drum Männer: „Oins ka i ei sage,
traut euch, ihr dürft es gerne wage
schaut euch noch so´ em Mädle um
denn krieged ihr warm de Winter rum!

-

## Meines Lebens Glück
Limerick

Ich hatt´ dich gesehen, gleich war mir klar
weil deine Augen so wunderbar
lachten strahlend über´n Tresen,
hinter dem ich Chef mal bin gewesen.
Es dauert´ nicht lang wir wurden zum Paar.

# Die Schnecke

4 x Limerick


**W**artend steh ich an der Bar,
die früher einmal meine war.
Ich mach mich also auf die Beine,
frisch getrennt und ohne Leine
such was Neues, ist doch klar.


**D**achte schon, hätt was gefunden,
doch die „Schnecke" war gebunden.
Flirtend durch den heißen Draht
mir platzte fast der Hose Naht,
so wurde seelisch ich geschunden.


**J**etzt sitz ich hier, muss warten, warten,
auf dem Schreibtischstuhl dem harten.
Doch die Schnecke rührt sich nicht,
läßt mich im Dunkeln ohne Licht,
so spiel ich mit mir selber Karten.

Wie ich so spiel´ mit mir allein,
und denk' wie schön es könnte sein
zu haben einen Spielgenossen.
In den ich bin auch noch verschossen!
Und wär es nur ein Schnecklein klein.

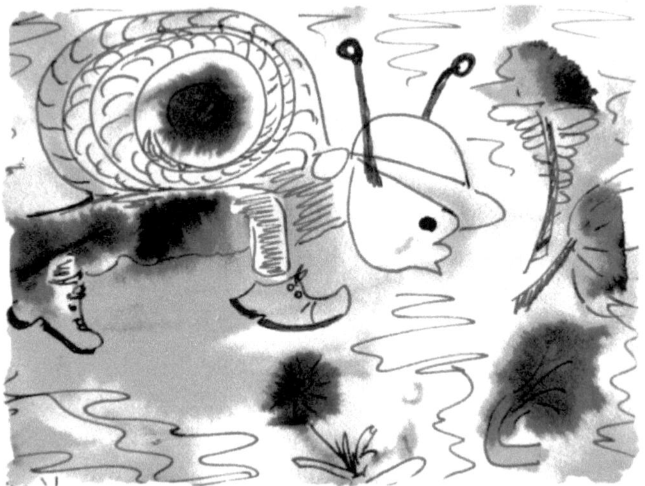

# Es ist Herbst

Wenn im Wind sich Bäume biegen,
die Sonne noch einmal alles gibt.
Die ersten Felder Falten kriegen,
weil sie vom Bauern frisch gepflügt.

Wenn vom Baum schon Blätter fliegen
und der Ahorn färbt sich rot.
Wenn über Wiesen Nebel ziehen
und das Gras stellt sich schon tot.

Wenn die Störche nicht mehr klappern,
Sie auf dem Weg nach Süden sind.
Zusammen mit den Jungen flattern,
dann spürt schon jedes Kind

Es ist Herbst.
Vorbei mit Sommer, Sonne, Fröhlichkeit
Vor uns liegt still die Winterzeit

# Konschtanz

Konschtanz isch ä schöne Stadt,
weil´s dort so coole Menschen hat.
Und im Sommer isch´s erscht schee,
hock i beim Bier direkt am See.
Ich schau de Leit´ beim Bade zue,
und hoff die Schnoke gebed Rueh.

Am frühe Morge schtand i auf,
und mach am Seerhein Dauerlauf.
Die frische Seeluft halt´mi fit,
hon´ von der Krankekass´ den Tipp.
Hon i denn 10 Minute rum,
dreh mi ganz schnell wieder um.

Im Auguscht isch Seenachtsfescht,
do kummed meischtens viel Gäscht.
Darunter sind auch viele Schwaben,
die uns „broit schwäbisch" etwas labern.
Sie bringed s` Geld a „ eisern See"
Entwicklungshilfe isch doch schee!

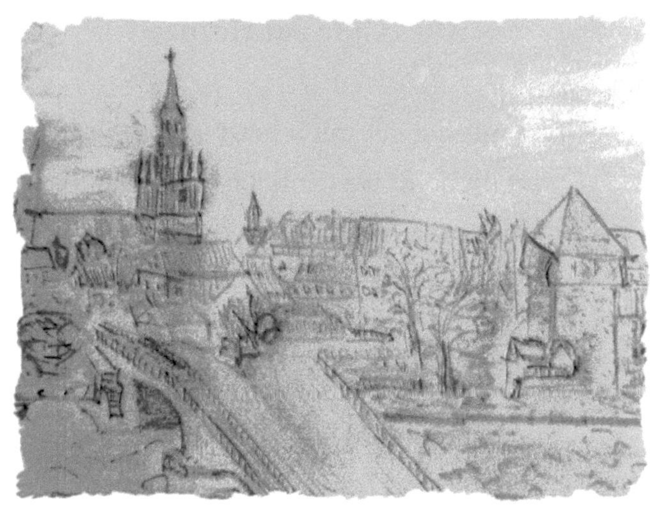

Doch bin i gern i dere Schtadt,
wo´s lauter nette Leute hat.
Weil im Summer isch´s halt schee,
hock i beim Weizebier am See.
I guck dem Treibe weiter zue,
hoff d´Schwobe lond mir au mei Rue.

# Alles Gute zur Hochzeit

Wie musste ich mich heut schon plagen,
weiß nicht, was soll ich dazu sagen.
Muss noch erst mir Worte suchen,
das geht meist nicht ganz ohne fluchen.


Am Besten wär´s ich sag´s persönlich,
wär´ ja nicht außer-gewöhnlich.
Doch seid Ihr ja nun so weit fort,
Schtuegert heißt der Schwaben – Ort.


Werd Euch bald mal dort besuchen.
Doch muss ich erst nach Worten suchen
die sich zwar reimen,
aber ohne zu schleimen
in Ekstase Euch versetzen,
ohne persönlich zu verletzen.

O je das wird ja immer schlimmer,
krieg ich´s noch fertig oder nimmer?
Ich meine: Meine Glückwunschworte
ich senden will an Euern Orte.


Deshalb mach ich es jetzt kurz,
lasse schnell noch einen Furz,
ihr glaubt es nicht, doch ist es wahr,
nun fühle ich mich wunderbar.


Zu Eurem Hochzeitsfeste
wünschen wir das aller Beste.

# So ein Mist

**D**ie Birne meiner Nachttischlampe nicht mehr funktioniert,

bin dann gleich zum Baumarkt eine Neue ausprobiert.

Hell wie der Stern von Bethlehem hat sie mich angestrahlt,

eingepackt in meine Tasche und auch gleich bezahlt.

Im Dunkeln hab zu Haus ich die Birne gleich verschraubt.

Weil ich wollte wissen ob das Angebot auch taugt.

Doch was stellt ich fest zu meinem Schreck, oh Graus

umsonst geschraubt, die Birn´ in meiner Nachttisch Lamp´ bleibt aus.

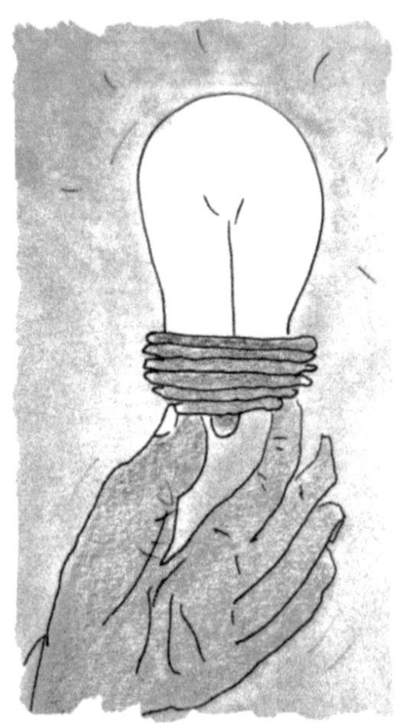

Was soll denn das, ja so ein Mist, was ist denn das nur hier?

Wieso passiert denn so ein Scheiß, immer nur bei mir?

Warum wieso weshalb, was könnte denn das sein,

dazu fällt mir überhaupt nichts mehr andres ein“.


Seit 20 Jahren Single, beim Wohnen und beim Sex,

ins Internet ein Inserat von mir ich eingesetzt.

„Hab ein Haus und bin Beamter, groß gewachsen volles Haar“.

Ich möchte ja nicht lügen, bleib ehrlich ist doch klar.


„Ich such ne Lady mit Charakter, die Figur ist mir egal,

und ein Tatoo am Popo, das fänd ich wunderbar“.

Schon Tage später treffe ich mein Blind Date ist doch klar,

„Hallo ich heiße Erwin, ich find dich wunderbar"


**W**as soll denn das, ja so ein Mist, was ist denn das nur hier?

Wieso passiert denn so ein Scheiß, immer nur bei mir?

Warum wieso weshalb, was könnte denn das sein

Kann dazu nur noch sagen: „Da fällt mir nichts mehr ein".

# Di Titi´s

Ich soll etwas von Titi´s dichten,
nicht was ihr denkt, nein, mitnichten.
Doch fange ich von vorne an,
damit ihr wisst, wo ihr seid dran.


Im Dezember kam sie auf die Welt,
noch gänzlich klein, noch ohne Geld.
Doch inzwischen erwachsen und groß
macht sie mit ihren Titi´s Kohle, wie famos.


Kommt gestresst am Dienstag abend,
während die Männer am Stammtisch labernd
meist ihre Zeit verbringend,
zu uns Titi ´s, Hände ringend.

Um ihren Frust sich zu vertreiben
sitzt sie an runden Scheiben.
Mit Ideen, Schwung und Elan,
formt sie die tollsten Dinge dann.

Greift manches Mal aus voller Wut
rein in den Dreck, ach tut das gut.
Abreagieren - das ist ihr Motto,
andere spielen eben Lotto

Ärgert sich nicht über dumme Köpfe,
und eins, zwei, drei entstehen Töpfe,
Figuren Vasen und Schalen.
Vergessen sind der Arbeit Qualen

Wie so oft auf dieser Welt,
macht sie mit ihren Titi´s Geld!
Und stellt euch vor, auf jedem Markt
zeigt vor, was sie zu bieten hat!

Doch nun die Frage steht parat,
auf deren ich die Antwort hab.
„Was soll den Titi´s wohl bedeuten?"
Na hört ihr nicht ´ne Glocke leuten.

Ich geb noch eine Hilfestellung,
es geht auch nicht um eine Schwellung.
Doch gibt es Große, es gibt Kleine -
Junggeselle Udo der hat keine.

Manchmal lang und manchmal dünn
was ich hier sage, macht schon Sinn.
Meist sind sie rund ganz ohne Kanten
Es grüßen von Herzen
"die TÖPFERTANTEN!!!

Zum Geburtstag einer Freundin, die Mitglied einer Hobby Töpfergruppe war. In der englisch Sprache wird der Buchstabe t als ti ausgesprochen, weshalb aus den Anfangsbuchstaben der scherzhaft genannten „Töpfertanten" abgekürzt die Titi´s wurden.

# Unterm Apfelbaum

Auf der Wiese steht ein Apfelbaum,
wo ich erlebte ein gar seltsam Traum.
Ich saß im Gras, träume in mich rein,
und muss wohl eingeschlafen sein.
Hab nicht bemerkt die lange Leiter,
die dort am Baum, ein Meter weiter.

Ein blondes Wesen mir erschien,
während ich wohl eingeschlafen bin.
Lacht vom Himmel hoch herunter,
ich fühlt mich wach und völlig munter
Wolken fielen auf mich nieder,
und meine ausgestreckten Glieder.

Unbemerkt, weil tief gepennt,
kam des Bauers Tochter angerennt.
Sie erklomm die lange Leiter,
die dort stand ein Meter weiter.
Mit einem Körblein unterm Arm,
macht sie sich an die Äpfel ran.

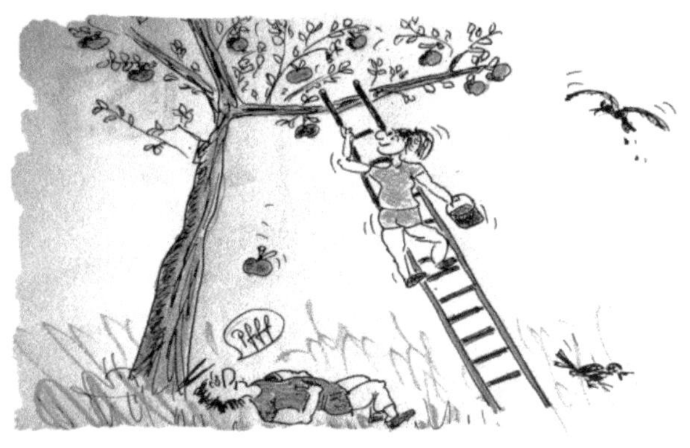

Sie pflückt unten, rechts und auch mal oben,
ihr Vater wird sie dafür abends loben.
Wenn das Körbchen bis auf den Grund
gefüllt mit Äpfeln, so gesund.
Nur nicht für mich, weil ungelogen,
ein Apfel kam auf mein Kopf geflogen.

**Auf** der Wiese steht ein Apfelbaum,
wo ich erlebte ein gar seltsam Traum.
Ich saß im Gras, träume in mich rein,
und muss wohl eingeschlafen sein.
Und die Moral von der Geschicht –
leg dich zum Schlafen unter Bäume nicht!

# Bauchgefühl

**A**us dem Bauch heraus zu denken,
heißt oft hinein ins Dunkel lenken.
Denn was dein Kopf will, meist vernünftig,
dem steh´n nicht oft die Sterne günstig
gilt es etwas aufzugeben,
wo es sich lässt doch so schön leben.
Weil der Mensch ist sehr bequem
und denkt: Mensch ist mein Leben schön.
Doch tief im Herzen brodelt es,
macht mit der Zeit den Kopf nervös.

**K**ommt nichts dazwischen ist es gut,
doch weh' wenn was passieren tut.
Dann ist die ganze Welt verdreht,
weil plötzlich alles anders geht.
Aus dem Rhythmus kommt dein Leben,
du fängst auf einmal an zu schweben.

„Wach ich oder träum ich"
steht dir offen im Gesicht.

**M**al bist du weg, mal bist du da,
dein Chef der sagt schon: " Hoppela,
wo habe sie denn heut ihren Kopf?
Ich meine nicht den mit dem Zopf
sondern das was drinnen steckt,
das hält sich heute wohl versteckt?"
Und schon tat er es wohl erkennen,
dein Herz beim heimlich Amok rennen.

**D**u gehst entlang dem Häuserblock,
vor dir geht 'ne Frau mit Rock
händchenhaltend mit 'nem Mann.
Und du denkst so dann und wann:
"Auch mir tät so was sicher gut,
was der Typ dem Mädchen tut".
Ach wie lang ist es schon her,
genau das macht mir's Leben schwer.

Im Kalender geh´n die Jahre,
und das ist das wunderbare,
dass im Kopf bleibt manchmal  steh´n
was im Leben wunderschön.
Erst kommt Winter, dann der Frühling,
fertig ist ein Neubeginn.
Dann kommt der Sommer, dann der Herbst,
vorbei ist alles, schön war März.


„Kann denn nicht immer Frühling sein?“
fällt mir spontan gerad so ein.
„Wo alles steht in voller Blüte
was für ´ne Pracht, du meine Güte“.
Welche Kraft dahinter steckt,
wenn man die Sonne nicht verdeckt.
Mach auf dein Herz und lass sie rein,
dabei den Kopf beiseite sein.
Hör hinein in deinen Bauch,
denn was dein Hirn kann, kann er auch.

# All das möchte ich mit dir tun

Möcht mit dir tanzen fröhlich sein,
so tun als wären wir Kinder klein.
Späße machen, dabei Lachen,
und verrückte Dinge machen.

Durch Regenpfützen mit dir springen,
und dabei lauthals Lieder singen.
Im Frühling über Wiesen tollen
am Meeresstrand im Sand rum rollen.

All dies möcht ich mit dir tun,
ganz allein nur mit dir tun.
All dies möchte ich noch mit dir tun.

Kirmeszeit und Achterbahn
im Winter mit dir Schlitten fahr'n.
Mit dir den 7. Himmel leben
die Erde soll um uns rum beben.

Nicht an Sorgen denken müssen,
dafür leidenschaftlich küssen.
Deinen Körper möcht ich kosen
betten ihn auf roten Rosen.

Will dich um meinen Finger wickeln
saugen zart an deinen Nippeln
Will dich bezaubern und betören,
dabei auch nachts mal Nachbarn stören.

Sag jeden Tag ein nettes Wort,
ganz egal an welchem Ort.
Will treu an deiner Seite kleben
und so mit dir mein Leben leben.

Und geht es dir mal nicht so gut
will ich dir geben neuen Mut.
Will stets an deiner Seite sein,
als dein Vertrauter ganz allein.

Weil eine Hand die andre wäscht
mach ich mit dir jetzt ein Geschäft.
Im Gegenzug sollst du mir geben
deine Liebe und dein Leben.

All dies möcht ich mit dir tun,
ganz allein nur mit dir tun.
All dies darfst auch du dann mit mir tun.


## Winterblues

(Limerick)


Leise rieselt vom Himmel der Schnee
und fällt auch dort hin wo ich grade steh.
Bevor ich jetzt  ausrutsch´
und sitz auf der Ritze,
verbrenn ich sie lieber
am Strand in der Hitze
und trinke Cocktail, statt Glühwein und Tee

**Die Indianer**

Es war einmal ein großes Land mit Bergen
und Prärie,

das kannte nur der rote Mann, kein Weißer
war je hier.

Stolzer Indianer  nur du bist hier zu Haus,

kein weißer Mann kannte sich vor dir hier aus.


Dann kam er, der weiße Mann, quer durch die
Prärie

und nahm die Wigwams und den letzten
Büffel dir.

Psst ….Indianer, pass auf nimm dich in acht,

was der weiße Mann aus deinem Leben macht

bevor er löscht dein Leben aus.

Dabei vergisst wer hier zu Haus!


Mit Pulverdampf und Donnerross, schneller
als dein Pferd,

macht der „weise"  Mann der Stadt auch nicht
vor Fehlern kehrt.

Sind es Indianer, die sich irren,

wenn weiße Skalps die Gürtel zieren?

# Dumm gelaufen

Ich hab heut Abend keine Zeit
Weil ich habe noch ein Date.
Muss mich noch etwas richten,
noch schnell ein Verslein dichten.
Vielleicht steht sie da drauf,
nimmt mich im Dauerlauf.

Ich habe heute keine Zeit,
ich habe noch ein Blind Date.
Vielleicht wird etwas draus
Drum lass ich das nicht aus.

Muss schnell die Zähne putzen,
dann meinen Bart noch stutzen.
Ein gelbes Hemd aus meinem Schrank,
meine Nerven liegen blank.

Der Zehen Nägel sind gestutzt,
meine Birkenstock geputzt,
mit blütenweißen Socken
so möchte ich sie locken.

Muss einen Schnaps noch nehmen,
mir grad mein Scheitel kämmen
noch schnell ´ne frische Hos´
und schon geht es los.

Häng weg den Kleiderbügel,
noch schnell ein Blick in´ Spiegel,
muss meinen Bus noch kriegen.
Ach könnte ich nur fliegen,

Doch was seh´ ich im Kalender,
der hängt am Kleiderständer?
Hätt´s wissen müssen, also doch
Das Blind Date war schon letzte Woch´!

# Der Bodensee Mädle Blues

Was braucht man denn zum Leben, was
könnte das nur sein?
Vom Bodensee ein Mädel fällt spontan mir ein.
So muss vom See ein Mädel mit in mein
Leben rein.


Ich fahr mit meiner Vespa meist abends noch
an´ See.
Wer setzt sich hinten drauf, ob Regen oder
Föhn? *
Vom Bodensee  mein Mädel, findet Roller
fahren schön.


Und geh ich mal in Urlaub, pack mein
Rucksack ein
Wenn nehm ich da noch, wer könnte das denn
sein`
Vom Bodensee mein Mädel, muss mit im
Urlaub sein.

**W**ollt lange schon nach Bangkok, doch das ist
so weit fort

Wenn nimmt man da nur mit, an solch´ ein
heißen Ort?

Vom Bodensee sein Mädel, weil:

„Do woiß me was mer hot. *

- * Wetterlage im Voralpengebiet
- * hot (Dialekt) hat = haben

# Nichts tun ist auch Arbeit

Mein Vater baut ein Häuschen, nur: er ist nicht
vom Fach

So bräucht´ er etwas Hilfe, er deckt grad das
Dach.

„ Hast du kurz Zeit“ frägt er mich so auf die
Schnelle

„und hältst mir hier mal an der Dachrinne die
Schelle?“


Ich schau ihn an, soll ich es wagen

Kann ich so etwas drauf sagen?

„Ich habe keine Zeit, weil ich mache nix,

das ist mein voller Ernst, ich mache keinen
Witz!“

Wenn ich an etwas dran bin, dann bin ich
richtig dran

Und wenn ich damit fertig bin, fang ich von
vorne an.


Meine Frau die möchte wieder mal zu Stadt,
sie bräuchte neue Schuh´ weil sie sonst noch
keine hat.

Durchs Hintertürchen frägt sie : „Hast du
dazu Lust
weil nie, nie hast du Zeit für mich und das ist
für mich Frust."


**S**ollte ich es wieder wagen,
wie eben erst nochmal zu sagen.
„Ich habe keine Zeit, weil ich mache nix,
das ist mein voller Ernst, ich mache keinen
Witz!"
Wenn ich an etwas dran bin, dann bin ich
richtig dran
Und wenn ich damit fertig bin, fang ich von
vorne an.


**M**ein Freund kommt von der Arbeit, und hat
saumäßig Durst.
Hat nichts gegen ein Stück Brot mit etwas
Leberwurst.
Denkt sich nichts böses, frägt mich im Gehen:
„Willst du mit mir im Dorfkrug noch
einkehren?"

Diesmal konnte ich nicht wagen,
es wie beschrieben ihm zu sagen.
Ich habe keine Zeit, obwohl ich mache nix,
Haha mein Freund, das war doch nur ein Witz


Mensch hast du heut Glück, ich habe etwas
Zeit,
und essen könnt ich auch so eine Kleinigkeit.
Bin heut fix und fertig , wieder ganz geschafft.
Glaub es oder nicht, auch:
Nichts tun kostet Kraft.

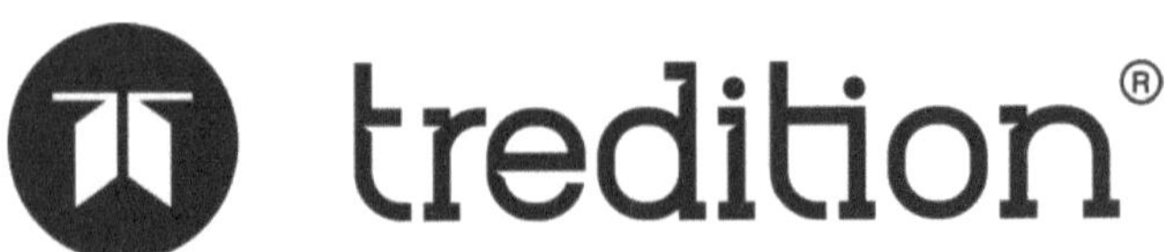